ANALISI DEL LIBRO

AF125964

Lo straniero

· · · · · · · · · · · · · · · · ·

ALBERT CAMUS

ANALISI DEL LIBRO

Scritto da Pierre Weber
Tradotto da Sara Rossi

Lo straniero

• •

ALBERT CAMUS

ALBERT CAMUS

SCRITTORE, DRAMMATURGO, SAGGISTA E FILOSOFO FRANCESE

- **Nato a Mondovì (Algeria) nel 1913.**
- **Morto a Villeblevin nel 1960.**
- **Opere degne di nota:**
  - *Lo straniero* (1942), romanzo
  - *Il mito di Sisifo* (1942), saggio
  - *La peste* (1947), romanzo

Lo scrittore francese di origine algerina Albert Camus (1913-1960) è stato un premio Nobel e uno dei maggiori scrittori del XX secolo. È stato un intellettuale, filosofo, giornalis

ta, drammaturgo e romanziere profondamente impegnato e le sue riflessioni sull'Assurdo, espresse in modo sfumato, sensibile e umano, hanno avuto un grande impatto sui suoi contemporanei.

Camus era ampiamente ammirato, nonostante alcune critiche occasionali, e i suoi romanzi *La peste* (1947) e soprattutto *Lo straniero* (1942) si sono rivelati influenti in tutto il mondo. Morì prematuramente in seguito a un incidente stradale nel 1960.

LO STRANIERO

UN ROMANZO INSOLITO

- **Genere:** romanzo assurdo.

- **Edizione di riferimento:** Camus, A. (2013) *Il forestiero*. Trans. Smith, S. London: Penguin.

- **1ª edizione:** 1942.

- **Temi:** l'Assurdo, la sensualità, il sole, la rivolta, la giustizia, l'ingiustizia.

Lo straniero è il primo romanzo di Camus, pubblicato nel 1942. Racconta la storia di Meursault, un giovane taciturno che incarna l'Assurdo a tal punto da sembrare estraneo alla sua stessa esistenza. Viene condannato a morte per l'omicidio di un arabo e il fatto che non abbia pianto durante il funerale della madre gli viene rinfacciato durante il processo. Il romanzo, scritto in prima persona con uno stile molto orale, è insolito per molti aspetti e critica aspramente le convenzioni sociali.

Lo straniero è uno dei libri più letti e studiati del XX secolo, sia in Francia che nel resto del mondo.

SINTESI

LA MORTE DELLA MADRE

Il narratore Meursault apprende della morte della madre con apparente indifferenza. Prende un giorno di ferie ad Algeri per recarsi alla "casa di riposo" (p. 3) dove viveva la genitrice. Una volta lì, rimane accanto al suo corpo per tutta la notte, in compagnia degli altri residenti della casa, e tiene a bada la noia con caffè e sigarette.

Il giorno dopo, accompagna il corteo funebre che si snoda nella campagna algerina sotto un sole cocente. Rimane senza emozioni per tutta la durata del funerale e si sente sollevato nel tornare ad Algeri ("Sapevo che presto sarei andato a letto e avrei dormito per dodici ore", p. 19). Questa apparente mancanza di empatia è una prima indicazione dell'allontanamento di Meursault dalla società e dalle sue convenzioni.

LA VITA CONTINUA

Il giorno dopo il funerale, Meursault si accorge che è sabato. Decide di andare a fare un bagno in spiaggia, dove incontra la sua ex collega Marie. Trascorrono la giornata insieme, vanno al cinema la sera e passano la notte nell'appartamento di Meursault. La domenica Marie si riunisce con la sua famiglia, mentre Meursault ammazza il tempo fumando sigarette sul suo balcone e osservando la gente che passa nella strada sottostante. Il lunedì Meursault torna al lavoro e ritorna alla sua vecchia routine. Quando torna a casa la sera, incrocia il suo vicino Salamano, che sta portando a spasso il cane. I due formano una strana coppia e Salamano spesso rimprovera e picchia il vecchio cane malato. L'altro vicino di Meursault, Raymond, che si dice sia un pappone mentre lui sostiene di essere un negoziante, lo invita a cena, i due uomini vanno d'accordo. Raymond chiede consiglio a Meursault su un problema relazionale che sta avendo e gli fa scrivere una lettera alla sua amante, che pensa lo abbia tradito: dovrebbe "colpirla duramente ma allo stesso tempo dirle cose che la facciano dispiacere" (p. 34). I due uomini si lasciano da buoni amici ("Ora siamo davvero amici", p. 35).

Il resto della settimana trascorre come al solito. Il sabato Meursault incontra Marie e, come la settimana precedente, fanno il bagno e passano la notte insieme. La domenica mattina, nell'appartamento di Raymond si verifica un alterco: l'uomo sta picchiando la sua amante. Gli abitanti del palazzo si radunano sul pianerottolo e un agente di polizia interrompe la rissa. Meursault e Marie tornano nell'appartamento di lui e pranzano. Dopo che Marie se n'è andata, Raymond viene a cercare Meursault e gli chiede di aiutarlo fornendo false prove. Meursault accetta e i due escono per una passeggiata, durante la quale Raymond riempie Meursault di attenzioni. Sulla via del ritorno, incontrano Salamano, che ha perso il suo cane e sembra inconsolabile.

Passa un'altra settimana. Raymond invita Meursault a trascorrere la domenica nella baita di un amico e lui accetta. Nel frattempo, Marie gli chiede se vuole sposarla, ma Meursault sembra indifferente all'idea ("Ho detto che per me era lo stesso e che potevamo sposarci se lei voleva", p. 45).

UN INCONTRO CHE CAMBIA LA VITA

La domenica mattina, Marie, Meursault e Raymond partono per la baita dell'amico di Raymond. Raymond indica un gruppo di arabi che lo segue da qualche giorno, presumibilmente perché uno di loro è il fratello della sua amante. Quando arrivano alla baita, incontrano Masson, l'amico di Raymond, e sua moglie. Pranzano insieme, poi i tre uomini fanno una passeggiata in riva al mare. Incontrano gli arabi e scoppia una rissa che ferisce Raymond. I tre uomini tornano al capanno per curare le sue ferite. Poi torna in riva al mare e Meursault lo segue. Si fermano vicino a una piccola sorgente dove i due arabi si sono rifugiati. Raymond consegna il suo revolver a Meursault, ma i quattro uomini si guardano in silenzio. Gli arabi finiscono per scappare.

Raymond e Meursault tornano alla baita. All'ultimo momento, Meursault cambia idea e torna indietro, senza rendersi conto che questa sarà la sua rovina. Torna alla sorgente, dove trova l'arabo che ha ferito Raymond. Il calore opprimente del sole e il bagliore accecante riflesso dalla lama del coltello dell'arabo spingono Meursault ad aprire il fuoco, sparando cinque volte.

COLPEVOLE DI ESSERE STATO ACCUSATO

Meursault viene arrestato e inizia il processo. L'avvocato d'ufficio gli dice che la sua apparente indifferenza al funerale della madre potrebbe pesare su di lui, ma Meursault non demorde. Il giudice lo interroga a lungo e cerca di fargli provare rimorso brandendogli in faccia un crocifisso, ma Meursault rimane impassibile e dice di non credere in Dio.

L'inchiesta si svolge nell'arco di 11 mesi. Meursault descrive le sue condizioni di vita in prigione durante l'inchiesta, la sua prima e unica visita da parte di Marie, in una stanza affollata, e la sua strategia per passare il tempo, che consiste nel rivisitare i suoi ricordi ("Mi resi conto allora che un uomo che aveva vissuto un solo giorno poteva facilmente vivere cento anni in prigione", p. 83). Il processo ha inizio e una serie di testimoni sale sul banco degli imputati. Meursault viene criticato per non aver mostrato dolore al funerale della madre e per aver intrapreso una relazione sentimentale il giorno dopo. Anche l'amicizia con Raymond si riflette negativamente su di lui. Viene dipinto come un assassino dal cuore freddo ("Accuso quest'uomo di aver seppellito sua madre con la spietatezza di un criminale", p. 101).

Il pubblico ministero pronuncia un'arringa convincente in cui sostiene che l'omicidio è stato premeditato e chiede la pena di morte. Al contrario, l'avvocato di Meursault usa argomenti deboli e poco convincenti. I giurati si ritirano e il giudice annuncia la decisione di condannare Meursault a morte. Meursault langue nella sua cella in attesa dell'esecuzione. Viene visitato da un cappellano, che cerca di convincerlo a rivolgersi a Dio per trovare conforto nel momento del bisogno. Meursault rifiuta e perde le staffe, gridando che tutta la nostra esistenza è assurda e che non c'è vita dopo la morte.

Il romanzo si conclude con la liberatoria consapevolezza di Meursault di vivere in un mondo fondamentalmente indifferente ("mi aprii per la prima volta alla tenera indifferenza del mondo", p. 129), che gli permette di trovare un senso alla propria vita. Attende la sua esecuzione - che forse non avverrà mai, perché ci sono buone probabilità che gli venga concessa la grazia o che il suo appello abbia successo - nella speranza che venga osservata da molte persone, che "lo saluteranno con grida di odio" (*ibid.*).

STUDIO DEL CARATTERE

MEURSAULT

Meursault, il narratore del romanzo, è un francese che vive e lavora ad Algeri. Non si sa molto di lui, se non che ha abbandonato gli studi e ha perso entrambi i genitori (il padre è morto quando era molto giovane e lui viene a sapere della morte della madre all'inizio del romanzo). È misterioso e sembra completamente distaccato da qualsiasi sentimento o preoccupazione, e persino da molti aspetti della sua stessa esistenza.

Il titolo del libro si riferisce quindi direttamente a Meursault, che si sente estraneo sia alla propria vita che alla società e alle sue convenzioni. Tuttavia, i suoi sensi sono acuti: Meursault è un essere sensuale che vive totalmente nel presente. Per lui, la vera felicità si trova nei momenti in cui è completamente in sintonia con il proprio corpo (nuotare, trascorrere del tempo in spiaggia, le notti con Marie, ecc.) In un certo senso, Meursault è addirittura prigioniero di questa sensualità, poiché non può metterla da parte per riflettere sul passato o sul futuro (non gli interessa sposare Marie o andare a lavorare a Parigi).

La sua natura gli impedisce di conformarsi alle convenzioni sociali, che vengono criticate nel romanzo. Ad esempio, il funerale della madre e il processo sono utilizzati per dimostrare quanto siano assurde le regole della correttezza sociale. Più in generale, Meursault può essere visto come l'archetipo dell'uomo assurdo, intrappolato in un mondo che non ha senso e sul quale non ha alcun controllo. Non è padrone del proprio destino e la sua caduta è causata da un atto che ha commesso quando non aveva il controllo di se stesso. Lo stile semplice e disarticolato del romanzo riflette l'interiorità di Meursault, anche se lo stile diventa gradualmente più controllato, come se stesse sviluppando una coscienza nel corso della narrazione.

MARIE CARDONA

Marie Cardona è una giovane donna attraente che lavorava con Meursault. Quando si incontrano per caso un sabato mentre fanno il bagno, intraprendono quasi subito una relazione romantica e sensuale. Marie è il personaggio con cui Meursault può esprimere al meglio la sua sensualità. Le gite in spiaggia e le notti trascorse insieme sono per lui momenti di vera felicità. Tuttavia, il legame tra i due è puramente fisico e, non appena si parla di emozioni o di progetti futuri, i due non riescono a trovare un terreno comune: Marie crede nell'amore e nel matrimonio, ma per Meursault non significano nulla. Lei sceglie comunque di accettarlo così com'è ("Dopo un altro momento di silenzio, mormorò che ero molto strano, che senza dubbio mi amava proprio per questo motivo, ma che un giorno avrebbe potuto trovarmi ripugnante, per lo stesso motivo", p. 46).

RAYMOND SINTÈS

Raymond, il vicino di casa di Meursault, sostiene di essere un negoziante ma in realtà è un pappone. Fa amicizia con

Meursault e questa relazione porta indirettamente al tragico esito del romanzo. I suoi tentativi di amicizia possono essere paragonati a un gioco di seduzione:

- quando si incontrano per la prima volta, enfatizza i valori del cameratismo e della virilità, stabilendo un rapporto speciale con un'abile miscela di adulazione ("potrei dire che tu capisci la vita", p. 35) e di ostentazione (il suo racconto della rissa in cui si è imbattuto, pp. 31-32; la sua sfrontatezza con il poliziotto, p. 40);

- si afferma come leader naturale, prende l'iniziativa e guida le azioni di Meursault;

- durante le situazioni di tensione, come la lotta con i due arabi, è lui a dare gli ordini.

Raymond è la causa della disgrazia di Meursault per due motivi: è colpa sua se Meursault si trova di fronte all'arabo con una pistola, e in seguito la sua testimonianza al processo convince la giuria della sua colpevolezza.

GLI ARABI

Lo straniero è stato pubblicato nel 1942, quando l'Algeria era ancora una colonia francese. Il romanzo riflette il rapporto tra la comunità francese e quella algerina dell'epoca, anche se non è un tema centrale. Nel corso del romanzo è evidente che esiste una vera e propria frattura tra le due comunità:

- Sebbene Meursault non mostri alcuna ostilità palese nei confronti degli arabi (non fanno eccezione alla sua abituale benevolenza distaccata, anche quando commette l'omicidio), essi non sono trattati come individui e non hanno voce. Formano una comunità separata, una sorta di massa indistinta.

- Quando Marie viene a visitare Meursault in prigione, la divisione tra le comunità è tangibile. Mentre i bianchi restano in piedi e parlano a voce alta per cercare di farsi sentire, gli arabi restano accovacciati e parlano a voce più bassa ("I loro sussurri soffocati, che salivano dal basso, creavano una sorta di musica di sottofondo soffusa contro le conversazioni che si incrociavano sopra le loro teste", p. 78).

- Anche il fatto che un arabo venga ucciso da un bianco approfondisce il conflitto tra le due comunità.

ANALISI

IL RUOLO DELL'ASSURDO

Lo straniero fa parte del cosiddetto "Ciclo dell'Assurdo" di Camus, insieme al saggio *Il mito di Sisifo* e al dramma *Caligola*. Camus utilizza questo romanzo per riflettere sull'Assurdo, un tema che è al centro della sua filosofia e della sua scrittura. Per Camus, l'Assurdo è innanzitutto un sentimento che chiunque può provare e che nasce dalla consapevolezza che il mondo è impassibile e del tutto indifferente ai problemi umani. Indipendentemente dalle domande che poniamo, dalle azioni che intraprendiamo o dalle decisioni che prendiamo, il mondo che ci circonda non reagirà o risponderà mai.

Meursault incarna questa sensazione di assurdità, poiché nulla sembra avere importanza o significato per lui, a parte le sue esperienze sensuali. È quasi indifferente alla propria esistenza, estraneo a se stesso, e segue una logica difficile da comprendere. Inoltre, nello stesso modo in cui è difficile comprendere appieno il personaggio, il romanzo stesso resiste a una facile interpretazione. Mentre il tema dell'Assurdo è chiaramente centrale, il significato fondamentale del romanzo è impossibile da individuare e la storia è essa stessa assurda. È forse questa complessità che rende *Lo straniero un'*opera così originale e ampiamente studiata, nonostante le critiche talvolta feroci che ha suscitato. Dalla sua uscita nel 1942, è stata universalmente riconosciuta come un'importante opera di narrativa e un riflesso di una delle preoccupazioni chiave del suo tempo, ovvero la sfiducia nel linguaggio e nel significato in generale. Questi elementi si ritrovano in particolare nel movimento esistenzialista in filosofia e nel Nouveau Roman in letteratura.

 ## CAMUS E L'ESISTENZIALISMO

Il movimento filosofico dell'esistenzialismo è emerso sulla scia dei tumulti che hanno caratterizzato i primi anni del XX secolo. Si concentra sull'esperienza umana dell'esistenza e sostiene che l'uomo è l'unico essere completamente libero di forgiare la propria natura attraverso le proprie scelte, essendo l'unica specie veramente autocosciente. Tuttavia, questa scelta illimitata genera un senso di angoscia riguardo al significato della vita, motivo per cui la questione del significato è centrale nelle opere esistenzialiste.

Sebbene Camus sia stato inizialmente associato agli esistenzialisti, in particolare a Jean-Paul Sartre (1905-1980), perché ne condivideva il sentimento di angoscia e la ricerca di un significato in un mondo in definitiva indifferente, in seguito se ne allontanò e adottò un approccio più positivo alle stesse tematiche. Le sue opere ritraggono un mondo assurdo, ma sono comunque caratterizzate da un senso di speranza e sposano la convinzione che la bellezza, la pace e la giustizia possano dare un senso alla vita.

IL TEMA DEL SOLE

Lo straniero è ambientato in Algeria e il sole è al centro della storia. Il nome del protagonista assomiglia a *meurt-soleil*, che in francese significa "sole che muore". Il sole è onnipresente nel romanzo, ma svolge un ruolo ambiguo: a volte è fonte di felicità, altre volte porta sfortuna. Le descrizioni, le sensazioni e gli eventi che compongono la storia sono sempre legati ad esso, direttamente o indirettamente.

Il lato positivo è che il sole è associato al tempo trascorso in spiaggia e al nuoto con Marie.

L'aspetto negativo:

• il funerale della madre di Meursault si svolge sotto un sole cocente;

• durante il processo Meursault afferma di aver sparato all'arabo a causa del sole, e la descrizione precedente lo conferma, poiché quel giorno aveva difficoltà ad affrontare il sole;

• l'aula del tribunale dove si svolge il processo a Meursault è soffocante.

SATIRA SOCIALE

Grazie alla visione distaccata del mondo da parte di Meursault, *Lo straniero* fornisce una potente illustrazione dell'assurdità di alcune convenzioni sociali. Il comportamento di molti personaggi è descritto in modo un po' divertito o addirittura freddo, il che dimostra che le loro azioni sono arbitrarie e quasi teatrali. L'insolita prospettiva di Meursault mostra fino a che punto le relazioni sociali sono regolate da convenzioni che equivalgono a una recita o a una sorta di gioco.

Il processo ne è un'illustrazione lampante, in particolare i discorsi della difesa. Il pubblico ministero e l'avvocato difensore sono come attori - uno con talento, l'altro senza - eppure il destino di Meursault è appeso al filo della commedia che sembrano recitare.

Tuttavia, Meursault rifiuta fermamente di allinearsi e di rispettare queste convenzioni. In particolare, fugge da ogni finzione e si rifiuta di mentire, anche quando questo lo aiuterebbe. Alla fine, viene condannato perché non ha "giocato" al funerale della madre, non ha pianto apertamente la sua morte e non ha espresso rimorso al processo.

MEURSAULT COME SIMBOLO DI SPERANZA

Meursault può essere visto come un antieroe che rappresenta la speranza per l'umanità. Come tutti gli esseri umani, vive in un mondo assurdo dove l'unica certezza è la morte che ci attende tutti: "Tutti gli altri, anche loro un giorno sarebbero stati condannati a morte. Anche lui, anche lui sarebbe stato condannato a morte" (p. 128). Questo ci spinge a riflettere su come reagire a questa consapevolezza, su quale sia il vero scopo della nostra vita e su come si possa essere felici quando si sa che si sta per morire. Queste domande esistenziali permeano l'intero romanzo e Camus usa la sua scrittura per cercare una risposta.

Come abbiamo già visto, Meursault è un estraneo a diversi livelli. In primo luogo, è estraneo alla propria esistenza, poiché si preoccupa solo del presente. Inoltre, è un emarginato sociale che rifiuta di rispettare le convenzioni della società ed è tutt'altro che ammirevole come persona. Tuttavia, Camus lo usa per illustrare come possiamo trovare speranza e felicità nella nostra vita:

• Dobbiamo accettare il fatto che la vita e la morte esistono e che non c'è Dio. Come Meursault, che alla fine del romanzo si scaglia contro il cappellano, dobbiamo ribellarci non solo all'assurdità della vita, ma anche alle false credenze che pretendono di darle un senso. Camus credeva che non ci fosse vita dopo la morte, il che significa che è inutile vivere nella speranza di essere ricompensati nell'aldilà. Ciò si evince dalla serie di domande che iniziano con "Che importanza aveva..." e "Che differenza faceva..." verso la fine del romanzo (p. 128).

• Camus credeva che la morte desse un senso alla vita: ci sentiamo vivi solo perché sappiamo che a un certo punto del futuro moriremo. Come spiega Meursault dopo la condanna a morte, la morte giustifica la vita: "Mi sentivo come se avessi aspettato per tutto questo tempo proprio questo momento e questa alba in cui sarei stato vendicato" (p. 127).

• Una volta che siamo in grado di vivere appieno e senza pretese, come Meursault, possiamo trovare la felicità:

  ○ in armonia con la natura e con le semplici sensazioni che la vita ci offre;

  ○ rimanendo fedeli alle proprie convinzioni e rifiutando le convenzioni e le finzioni della società. Questo ci permetterà di essere in pace con noi stessi e di trovare così la felicità. Meursault ci ricorda che, anche quando il nostro corpo è imprigionato, la nostra mente è completamente libera, a patto che non ci lasciamo inibire dalle convinzioni esterne. Anche se Meursault trova la felicità in luoghi insoliti - nella solitudine e nella sua reazione apparentemente irrazionale alla condanna a morte - si tratta di una vera felicità perché si rende conto di essere ancora libero e di aver superato l'assurdità del suo destino.

L'apparente semplicità di *Lo straniero* nasconde la sua profondità filosofica: il romanzo esplora le domande profonde che ci attanagliano tutti e offre spunti profondi sul senso della vita.

UNO STILE DI SCRITTURA SEMPLICE

Lo stile di scrittura di Camus in *Lo straniero* è degno di nota per diverse ragioni:

- La narrazione è destrutturata. Le frasi sono semplici e relativamente brevi, e ognuna segue quella precedente senza un vero collegamento tra loro. Ciò dà l'impressione di un'accozzaglia di fatti e osservazioni isolate, che il narratore fatica ad organizzare in una narrazione coerente.

- La lingua ha una marcata dimensione orale. Nel testo originale francese, il segno più evidente è l'uso di un tempo grammaticale generalmente associato al linguaggio parlato (il passato composto) piuttosto che il tempo più tipicamente usato nelle narrazioni letterarie (il passato semplice). Inoltre, Camus utilizza la ripetizione e un gran numero di clausole relative per ricreare il discorso dei suoi personaggi: "Prima mi chiese se pensavo che lei lo avesse tradito e io risposi di sì, mi sembrava così, poi se pensava che dovesse essere punita e che cosa avrei fatto io al suo posto, così gli risposi che non si può mai sapere con certezza" (p. 34).

- Il tono è freddo, distaccato e neutro per riflettere i sentimenti di Meursault. Inoltre, impedisce al lettore di affezionarsi ai personaggi e lo costringe a considerare gli eventi da una certa distanza.

- Il tempo viene decostruito. Mentre nella prima parte del romanzo la narrazione sembra svolgersi nell'arco di una serie di giorni consecutivi (sono frequenti gli indicatori temporali come "oggi", "ora", "ieri" o "questa settimana" e a volte viene usato il tempo presente), la seconda parte del romanzo adotta una struttura temporale diversa.

In ogni caso, è impossibile stabilire con certezza quando Meursault abbia scritto il suo racconto, poiché gli indicatori temporali sono troppo vaghi e contraddittori per farsene un'idea precisa. La teoria più probabile è che l'abbia scritta o dettata in cella, o forse in un altro momento dopo la fine del racconto, e che l'atto di raccontare la sua storia lo porti a rivivere i suoi ricordi come se stessero accadendo nel presente.

Tuttavia, è importante notare che lo stile del romanzo cambia significativamente tra la prima e la seconda parte. Con il progredire della storia, il linguaggio di Meursault diventa sempre più controllato e raffinato, con immagini più chiare e discorsi più strutturati.

L'emergere di questo linguaggio più sofisticato e lirico è forse dovuto alla narrazione stessa; raccontando la storia, Meursault impara ad aprirsi e ad esplorare i propri pensieri e sentimenti, e questo si riflette nella sua scrittura.

ULTERIORI RIFLESSIONI

ALCUNE DOMANDE SU CUI RIFLETTERE...

- Nella seconda parte del romanzo, Meursault si oppone fortemente al discorso religioso. Secondo lei, perché rifiuta la religione e la spiritualità?

- Meursault rifiuta di conformarsi ai valori morali socialmente accettati. Utilizzando esempi a sostegno della vostra risposta, spiegate perché questo avviene.

- In che modo lo stile di scrittura di Camus rafforza l'estraneità, l'indifferenza e la solitudine di Meursault?

- Camus ha riassunto il significato di *Lo straniero* dicendo: "Nella nostra società, chi non piange al funerale di sua madre rischia di essere condannato a morte". Discutetene.

- Perché Meursault si rifiuta di obbedire alle convenzioni sociali? Che cosa conta davvero per lui?

- Nella mitologia, il sole rappresenta la forza. Rappresenta la stessa cosa in *Lo straniero*? Giustificate la vostra risposta.

- Camus vede Meursault innocente o responsabile delle sue azioni? Merita di essere condannato alla fine del processo?

- Secondo lei, come sarebbe possibile trasmettere lo stile semplice e neutro del romanzo in un adattamento cinematografico?

- Come *Lo straniero*, il romanzo di Kafka del 1925 *Il processo* esplora i temi dell'Assurdo e del sistema legale. Quali somiglianze e differenze si possono individuare nel modo in cui i due romanzi affrontano questi temi?

ULTERIORI LETTURE

EDIZIONI DI RIFERIMENTO

Camus, A. (2013). *Lo straniero*. Trans. Smith, S. Londra: Penguin.

ADATTAMENTO

L'estraneo. (1967) [Film]. Luchino Visconti. Dir. Italia: Dino de Laurentiis Cinematografica.

ALTRO DA BRIGHTSUMMERIES.COM

Guida alla lettura - *La caduta* di Albert Camus.

Guida alla lettura - *Il primo uomo* di Albert Camus.

Guida alla lettura - *I giusti assassini* di Albert Camus.

Guida alla lettura - *Il mito di Sisifo* di Albert Camus.

Guida alla lettura - *La peste* di Albert Camus .

Vogliamo sapere da voi!
Lasciate un commento sulla vostra biblioteca online
e condividete i vostri libri preferiti sui social media!

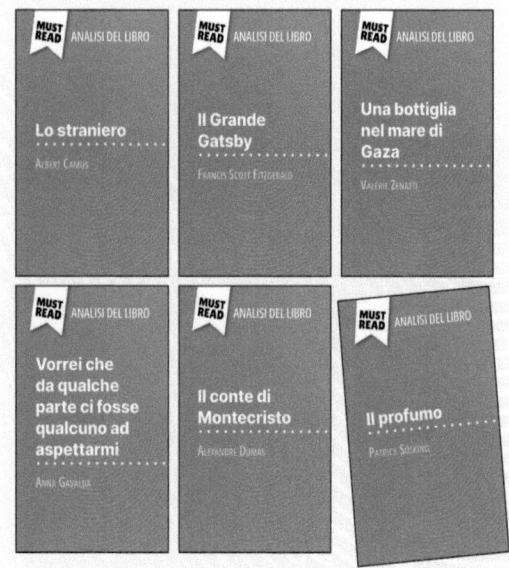

www.50minutes.com

Master ISBN: 9782808689359
ISBN cartaceo: 9782808610759
Deposito legale: D/2023/12603/1355

Copertura: © Primento

Concezione digitale a cura di Primento, il partner digitale degli editori.